INTERVENTO ANTISTRESS

Compendio teorico-pratico
sulla Metodologia Funzionale Antistress®

A CURA DI
Paola De Vita
Giusi Piscopo
Teresa Sorrentino

**Hanno collaborato a questa
pubblicazione**
Nadia Lucci, Claudia Sciacchitano

DIREZIONE SCIENTIFICA
Prof. Luciano Rispoli

PREMESSA

Nel presente manuale verranno illustrate in maniera concreta ed operativa le diverse tecniche di intervento utilizzate nel Trattamento Antistress con Metodologia Funzionale. Queste tecniche sono state messe a punto da Luciano Rispoli e poi sperimentate e perfezionate, per l'uso scientifico dell'intervento Funzionale Antistress, da Paola De Vita, Giusi Piscopo e Teresa Sorrentino.

Per l'approfondimento della cornice teorica a cui fa riferimento questo tipo di intervento, consigliamo la lettura dei seguenti testi.

Buona lettura,

dott.ssa Paola De Vita

Testi consigliati:

Misurare lo Stress. Il test M.S.P. e altri strumenti per una valutazione integrata di Santo Di Nuovo, Luciano Rispoli, Emilia Genta, 2000. Editore: Franco Angeli

Esperienze di Base e sviluppi del Sé di Luciano Rispoli, 2004. Editore: Franco Angeli

Il corpo in psicoterapia oggi di Luciano Rispoli, 2016. Editore: Franco Angeli

INDICE

LA VISIONE FUNZIONALE:
FUNZIONI ED ESPERIENZE DI BASE (EBS)

Il pensiero Funzionale affonda le sue radici nei contributi del primo Funzionalismo (Scuola di Chicago), nelle teorie del Sé, negli studi sul rapporto mente-corpo e si avvale dei più recenti contributi della Psicofisiologia, delle Neuroscienze e delle ricerche più attuali sulla vita prenatale, neonatale e sull'infanzia. Il Funzionalismo moderno, quindi, nasce da studi, ricerche e teorizzazioni che abbracciano il paradigma della complessità e mantengono l'idea di un olismo di fondo, di una identità funzionale mente-corpo, sviluppandola in una cornice teorica e metodologica complessa e operativamente concreta che inquadra in modo scientificamente nuovo i risultati di tutte queste ricerche.

Si propone, come una metodologia multifocale decisamente innovativa che, non separando mente e corpo, cura e prevenzione, salute e malattia, coglie concetti di regolazione, d'utilizzazione delle risorse, di potenziamento dello stato di benessere in numerosi campi di applicazione: interventi individuale e di gruppo, di adulti e di bambini, stress, prevenzione, gravidanza e nascita, infanzia e adolescenza, formazione, istituzioni e organizzazioni.

Questo modo di affrontare la complessità rende possibile un approccio di tipo globale e allo stesso tempo dettagliato, che si propone come scopo di riequilibrare l'Organizzazione Funzionale del Sé.

L'intervento è a vari livelli: cognitivo (razionalità, ricordi, fantasie), emotivo (affetti, sentimenti),posturale (movimenti, forma del corpo, posture) e fisiologico (sistemi e apparati interni).

La psicologia Funzionale supera la visione di tipo piramidale, in cui una mente controlla tutto dall'alto, ma ha una visione di tipo "circolare", in cui tutti i vari piani psico-corporei contribuiscono in modo paritario alla complessa organizzazione dell'organismo. Si ritiene che sia l'organismo intero ad ammalarsi e non solo il corpo o la mente.

I concetti innovativi della Psicologia F u n z i o n a l e sono quelli di:

• Funzioni: si trovano sui 4 piani funzionali (Cognitivo – Simbolico; Emotivo; Posturale; Fisiologico) e compongono e rappresentano l'intero Sé;

• Esperienze Basilari del Sé (EBS): nelle quali si concretizzano i bisogni e le direttrici di sviluppo del bambino. Sono le Esperienze che, se supportate positivamente dall'ambiente, diventano Capacità di fondo della persona.

Il Sé può essere definito, dunque, come l'organizzazione di tutte le Funzioni dell'organismo visto nella sua interezza e globalità. In ogni Funzione è l'intera persona che si esprime e le Funzioni possono essere studiate in modo molto dettagliato esaminando le alterazioni generate nel corso degli anni in ciascun individuo. Ciò permette di intervenire in modo preciso e concreto per ricreare l'equilibrio armonico del Sé, riparare le alterazioni in atto su tutti i livelli Funzionali, e restituire, salute benessere alla persona.

Le Esperienze di Base del Sé sono i mattoni della vita, sono proprio quelle Esperienze che, se carenti, hanno poi bisogno di essere ricostruite per poter accedere a degli esiti differenti da quelli che si sono cristallizzati nella vita della persona. Le EBS sono quelle esperienze fondamentali affinché il bambino, nel diventare adulto, conservi l'integrazione originaria, la salute, il benessere, e sviluppi tutte le possibili capacità per affrontare adeguatamente con successo la realtà della vita.

E' importante ritrovare il nostro equilibrio psico-fisico in ogni momento della giornata, non soltanto, quando stiamo male e non ce la facciamo più. Avere una maggiore conoscenza di noi stessi, di come funzioniamo in certe situazioni sicuramente, ci può aiutare a sentirci meglio. Scopriamo i giusti Movimenti, recuperiamo il nostro Benessere, solo così potremo sentirci bene, in forma e vitali.

STRESS E MALATTIE STRESS-CORRELATE

Lo stress è una delle malattie tipiche del nostro tempo, della nostra società; tra le più diffuse e più preoccupanti ed è presente già in età precocissima. Numerosi studi, infatti, hanno messo in evidenza la risposta corticosurrenale a vari stressor nel neonato ed in bambini di un anno di età, dove è stato messo in rilievo un chiaro rapporto tra ansia comportamentale indotta ed escrezione di cortisolo. Ecco perché è così importante comprendere quando lo stress diventa cronico e dannoso, analizzare il circuito dello stress rispetto al problema della salute e del benessere.

Cos'è lo stress cronico?

In anni di ricerca abbiamo individuato due circuiti di funzionamento chiaramente separati: uno è il circuito della salute, del benessere; l'altro è quello della malattia e della incapacità di gestire e conservare la salute.

Il problema non sta nell'evento stressante, perché di eventi stressanti, nella nostra vita, ce ne saranno sempre, e non è pensabile di poterli eliminare a priori. Un evento stressante produce lo stress cosiddetto acuto, che è benefico: la persona riceve una forte sollecitazione psicofisica che la mette in grado di poter intervenire e risolvere situazioni e problemi urgenti e tempestivi.

Quello che è grave per la salute dell'essere umano è il trasformarsi dello stress da acuto in cronico (detto altrimenti distress).

Dalla figura si può rilevare come eventi stressanti (normali nella vita) vengano percepiti ("assorbiti", "attraversati") dalla persona, a seconda dello stato di quello che abbiamo definito il filtro Funzionale della percezione.

Che cos'è il filtro Funzionale?

E' la maniera in cui l'individuo attraversa un evento stressante (uno stressor) con tutto il proprio organismo: vale a dire con lo stato delle sue emozioni, lo stato cognitivo, lo stato della Funzione simbolica, il suo immaginativo; ma anche la sua respirazione, la condizione muscolare, la condizione posturale, la condizione fisiologica profonda, quella vegetativa e quella biologica del circuito ormonale e dei neurotrasmettitori. Attraverso tutto questo lo stressor può essere percepito come qualcosa di affrontabile oppure di non affrontabile, come un evento ordinario o drammatico. Gradualmente, esperienze negative precedenti possono aver alterato questo filtro, per cui eventi del tutto normali vengono vissuti come allarmanti, pericolosi, altamente stressanti.

Stress Cronico e Malattie

Una volta cronicizzato, lo stress diventa altamente dannoso, poiché costringe l'organismo in una situazione di costante tensione e allarme anche quando non sarebbe necessario, pregiudicandone energie e salute. E' oramai un dato acquisito che lo stress produce modificazioni a carico di tutti gli organi, attraverso la mediazione del sistema nervoso vegetativo, del sistema endocrino e del sistema immunitario, attraverso una complessa serie di meccanismi di regolazione.

Nelle figure qui di seguito, elenchiamo i più comuni sintomi associati allo stress.

- Ansia
- Senso di allarme
- Irritabilità
- Confusione
- Irrequietezza
- Scarsa concentrazione
- Senso di sforzo
- Indecisione
- Insicurezza
- Pensieri ripetitivi
- Allarme
- Bocca o gola secca
- Insonnia
- Tensione muscolare

- Palpitazioni
- Sudorazione
- Disturbi digestivi
- Mal di testa
- Debolezza agli arti
- Tremori
- Vertigini
- Pressioni sul petto
- Fitte e spasmi
- Stitichezza o diarrea
- Mal di schiena
- Formicolii mani, piedi
- Stanchezza

E' bene ricordare che tutti questi sintomi presentano contemporaneamente manifestazioni emotive, cognitive, fisiologiche, biologiche.

Lo stress cronico, inoltre, è implicato nel peggioramento dello stato di salute in molte altre patologie, poiché indebolisce alla base l'organismo della persona.

METODOLOGIA FUNZIONALE
ANTISTRESS - MFA

Considerata la complessità della condizione di stress è stato indispensabile mettere a punto una modalità di intervento anch'essa multidimensionale, nella quale intervenire (per la prima volta) sui funzionamenti profondi nei quali va a depositarsi realmente lo stress: non un rilassamento temporaneo ma una profonda modificazione dei meccanismi radicati dello stress.

L'intervento Funzionale permette di arrivare a una modificazione di elementi profondi, biologici e fisiologici dell'organismo, perché agisce su alcuni regolatori generali, quali la respirazione, la tensione muscolare, le posture, la memoria corporea, il sistema propriocettivo.

Lo scopo fondamentale è quello di recuperare esperienze di importanza primaria per l'organismo, quali il Lasciare, l'Abbandonarsi, lo Stare, l'Allentare il Controllo, la Calma, il Benessere; ma anche le Sensazioni positive piacevoli, unitamente alla Gioia e alla Vitalità.

ESPERIENZE DI BASE MAGGIORMENTE LEGATE ALLO STRESS	
Lasciare incantarsi **Abbandonarsi a**	**Calma** tranquillità **Stare**
Percepire l'altro la realtà **Sensazioni** sentirsi	**Allentare controllo** sciogliere **Perdere controllo** esplosioni **Attenzione morbida**
Benessere armonia interezza vagotonia verso il basso **Piacere** godersi le cose	**Gioia** slancio guizzi **Vitalità** energia passione **Giocare** umorismo

Misurazione dello stato di Stress

Di norma l'intervento Funzionale viene preceduto dalla valutazione dello "stato di stress" attraverso i dati raccolti con la Misurazione Integrata messa a punto da una ricerca effettuata negli anni 1998-2000 da L. Rispoli e S. Di Nuovo[1]. La Misura Integrata permette di inquadrare vari elementi e variabili psicocorporee che concorrono tutte in modo indipendente l'una dall'altra allo stato di stress. Una misurazione che non considera tutti questi fattori non è una misura corretta e attendibile. La misurazione Integrata dello stress viene effettuata in modo oggettivo attraverso l'analizer ZED X2 (o misura equivalente senza macchina).

E' un innovativo sistema hardware-software, tecnologicamente integrato in grado oggi di dare una

---

[1] S. Di Nuovo, L. Rispoli, E. Genta *Misurare lo Stress* Franco Angeli/Linea Test, Milano 2000.

misurazione diretta del livello stress-benessere della persona, prendendo in considerazione 5 aree di fattori:

Area I	Parametri fisiologici:
	Tensione muscolare
	Conduttanza cutanea
Area II	Parametri respiratori:
	Respirazione diaframmatica e toracica e il rapporto dei loro parametri
Area III	Parametri psicologici:
	Il Questionario MSP (Mesure du Stress Psychologique)
Area IV	Parametri corporei-posturali:
	Atteggiamento corporeo (postura, movimento, voce)
Area V	Parametri biologici:
	Elementi del sistema endocrino (cortisolo, prolattina)

Grazie alla misurazione sarà possibile elaborare un programma di intervento individualizzato da realizzarsi attraverso incontri individuali o di gruppo.

MISURA INTEGRATA DI STRESS

Fattore 1

STAI	di tratto
STAI	di stato
MSP	Misura dello Stress Psicologico

Fattore 2

R	Modalità della Respirazione
PM	Posture, voce, movimenti

Fattore 3

EMG	Elettromiogramma
F	Frequenza cardiaca
Co	Cortisolo

Fattore 4

GH	Ormone somatotropo
GSR	Conduttanza cutanea

Fattore 5

PRL	Prolattina
TSH	Testosterone
T	Temperatura

RICERCA SULLO STRESS
1998 - 2000

STAI	di tratto	Co	Cortisolo
STAI	di stato	GH	ormone somatotropo
MSP	Misura dello Stress Psicologico	PRL	Prolattina
		LH	Ormone luteneizzante
EMG	Elettromiogramma	TSH	Testosterone
T	Temperatura	R	Modalità della Respirazione
GSR	Conduttanza cutanea	PM	Posture, voce, movimenti
PA	Pressione Arteriosa		
F	Frequenza cardiaca		

S. Di Nuovo L. Rispoli

Il trattamento messo a punto da ZerOstress permette di arrivare ad una modificazione degli elementi profondi, psicobiologici dell'organismo (sui quali si va a radicare lo stress cronico), perché agisce su alcuni importanti regolatori generali quali: la respirazione, la tensione muscolare, le posture e il sistema propriocettivo; elementi che sono accessibili ad un operatore senza ausilio di alcun tipo di farmaco, e che costituiscono la cosiddetta "memoria periferica", la quale continua ad interagire con i nostri funzionamenti attuali senza che la persona se possa realmente accorgersene.

TRATTAMENTO FUNZIONALE
ANTISTRESS

La metodologia del Trattamento Funzionale Antistress può essere così schematizzata:

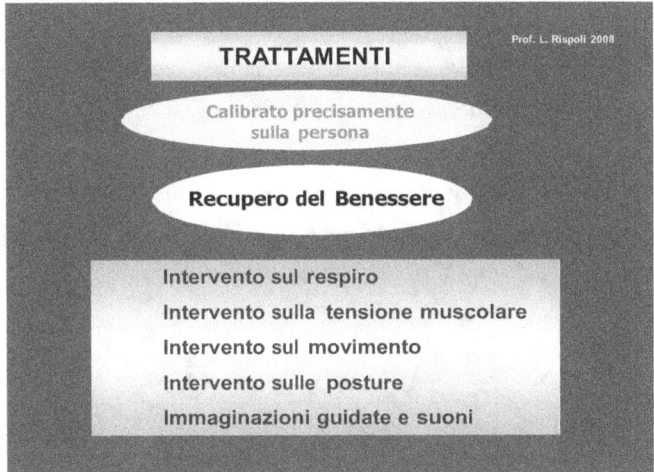

L'intervento sul respiro ha come obiettivo quello di recuperare la respirazione diaframmatica spontanea profonda, costituita da ritmi e movimenti precisi, tipica delle condizioni di Calma e di Benessere.

L'intervento sulla tensione muscolare, realizzata attraverso il massaggio profondo dei muscoli, ha come obiettivo quello di sciogliere le contrazioni e le tensioni che spesso si riscontrano nei soggetti stressati, per aumentarne la percezione di zone bloccate e divenute poco sensibili, e per restituire la capacità di cambiamento dinamico al tono muscolare (cioè poter divenire di volta in volta adatto alle varie situazioni).

L'intervento sul movimento prevede specifiche sequenze di movimenti al fine di recuperare lentezza, morbidezza, fluidità giusta armonia tra le parti alte e basse dl corpo.

L'intervento sulle posture permette di uscire da posture stereotipate croniche (racchiuse, rigide, incurvate…) che concorrono alla condizione di stress cronico.

Le *Immaginazioni guidate* rafforzano i funzionamenti positivi del Benessere, della Calma profonda, già aperti con le altre Terapie.

I *Suoni* com'è noto influiscono sulle condizioni psicofisiche positive, che però non possono essere realmente recuperate in assenza delle altre Terapie.

LA RESPIRAZIONE

Le modalità della respirazione

Tra i fattori di regolazione generale, uno dei primi per la sua importanza è senza dubbio quello della respirazione.

Della r e s p i r a z i o n e se ne parla molto, in molte

tecniche terapeutiche, ma non sempre in modo chiaro e preciso. Chi dice che bisogna forzarla, chi allungarla, chi trattenerla e così via. Su questo punto è tempo di fare definitivamente chiarezza.

Modalità differenti di respirare esistono e sono collegate a scopi differenti e a situazioni differenti di vita. Un soggetto sano assume automaticamente quella più adatta alla situazione del momento.

Nella *respirazione toracica*, ad esempio, l'organismo va in *simpaticotonia*: si libera adrenalina, si rallenta la peristalsi intestinale, il sangue è pompato più in fretta, aumenta la sudorazione per smaltire il calore di un'eventuale azione imminente, i muscoli sono messi in condizione di agire meglio; il tutto prepara ad affrontare una situazione di allarme, di azioni immediate, in cui sono necessarie concentrazione, lucidità di mente, forza muscolare, capacità di lottare.

Oppure la respirazione può diventare molto *rapida* al fine di aumentare il tasso di ossigeno in caso di forte affaticamento.

Oppure può prevalere l'atteggiamento di trattenere l'aria in inspirazione, quando si tende a diminuire la sensibilità generale e a sopportare meglio il dolore.

Nella figura seguente sono elencati i vari tipi di

respirazione, i loro effetti, e dunque le varie situazioni in cui le persone vi ricorrono.

Respiro diaframmatica con prolungamento toracico	Più forza, più energia ma ancora nella calma
Espirazione lunga	Trattenere, non lasciare il controllo
Respiro veloce affannoso	Ansia, segnale di allarme, agitazione. Come dopo una corsa: "raffreddare la fatica"
Respiro leggero, inesistente	Essere invisibili, non farsi sentire, non farsi notare
Respiro Toracico	Affrontare sempre di petto, fare lotte e battaglie, simpaticotonia
Respiro Toracico Alto	Paura, acqua alla gola, sentirsi paralizzati
Inspirazione breve, pausa post-inspiratoria	Resistere anestetizzare il dolore
Inspirazione rapida, inghiottire il respiro, respiro troncato	Pericolo, prepararsi a capire cosa c'è per poi agire rapidamente
Sbuffare	Scaricare l'ansia, ma non vera calma
Respiro scoordinato	Ansia, scoordinamento, difficoltà, respiro non mirato a qualcosa
Respiro falsamente diaframmatico o con contraccolpo	Controllo, voler fare tutto con la volontà; oppure ripresa di controllo

Il problema non è la presenza nelle persone di respirazione diversi da quella diaframmatica: il problema nasce quando una di queste respirazioni permane al di là del momento in cui è necessaria e utile. In questo caso la respirazione subisce un'alterazione che permane nel tempo, che diventa cronica.

La respirazione diaframmatica

La *respirazione diaframmatica*, a differenza degli altri tipi di respirazione, produce *vagotonia*, il sistema addetto ai momenti di calma, di tranquillità, di allentamento. Stomaco e intestino sono in movimento, il sangue scorre più lento, vengono messe in circolazione ormoni e neurotrasmettitori della calma (quali endorfine, serotonina, acido gamma-amino-butirrico, proteine P) che producono un intenso senso di benessere.

L'organismo non deve affrontare nessuna situazione che richieda azione intensa, rapide decisioni, concentrazione, prontezza di riflessi, forza a disposizione.

In un funzionamento sano, un individuo dovrebbe poter ritornare alla *respirazione diaframmatica* ogni qualvolta non ci sia più bisogno di attivarsi, di affrontare situazioni di allarme, pericolo o lotta, o di azione immediata. Nei bambini tutto questo è ben visibile: la *respirazione diaframmatica* è chiaramente presente per la maggior parte del tempo. Anche quando stanno compiendo degli sforzi fisici, se non c'è motivo di allarme, *la respirazione* è ancora diaframmatica. Ma nel corso dello sviluppo evolutivo, per le pressioni negative dell'ambiente, questo funzionamento sano può andare

incontro ad alterazioni: si perde la capacità di ritrovare
vari tipi di respirazione a seconda delle circostanze
esterne, si perde la capacità di ritornare alla *respirazione
diaframmatica*, e si resta intrappolati in un tipo di
respirazione   diverso   che   diventa   cronico,
permanentemente presente anche quando non ce ne
sarebbe bisogno. Se un bambino è spesso in allarme,
impaurito, il diaframma si irrigidirà, il respiro sarà
mozzato, e con l'andar del tempo non ritornerà più ad
essere diaframmatico ma resterà sempre alto nel torace.
    Ecco perché la *respirazione diaframmatica* è quella che
nell'intervento ci interessa, è quella che ha bisogno di
essere recuperata, al fine di recuperare anche una
importante   capacità   di   regolazione   dell'intero
organismo, di recuperare allentamento, calma e
benessere di fondo.

La respirazione diaframmatica profonda spontanea
    La respirazione diaframmatica è anche definita
profonda perché non è superficiale, ma arriva in
profondità; ed è *spontanea* perché normalmente non è
forzata. Il diaframma è quel muscolo che taglia
trasversalmente il corpo, innestato sulle costole davanti
e dietro la schiena. E' un muscolo di tipo misto,
volontario e involontario al contempo: funziona anche
se non lo attiviamo volontariamente (assicurando la
respirazione anche quando non ci pensiamo), ma può
anche essere sollecitato volutamente per tirare sospiri
più profondi quando ne sentiamo la necessità o il
desiderio. Il diaframma è dunque un organo che fa da
ponte tra uno stato più consapevole e un funzionamento

di tipo più autonomo, vegetativo.

Nelle due figure seguenti viene riportato l'andamento di una respirazione diaframmatica sia come tempi delle varie fasi sia come effetti sulla simpaticotonia e sulla vagotonia.

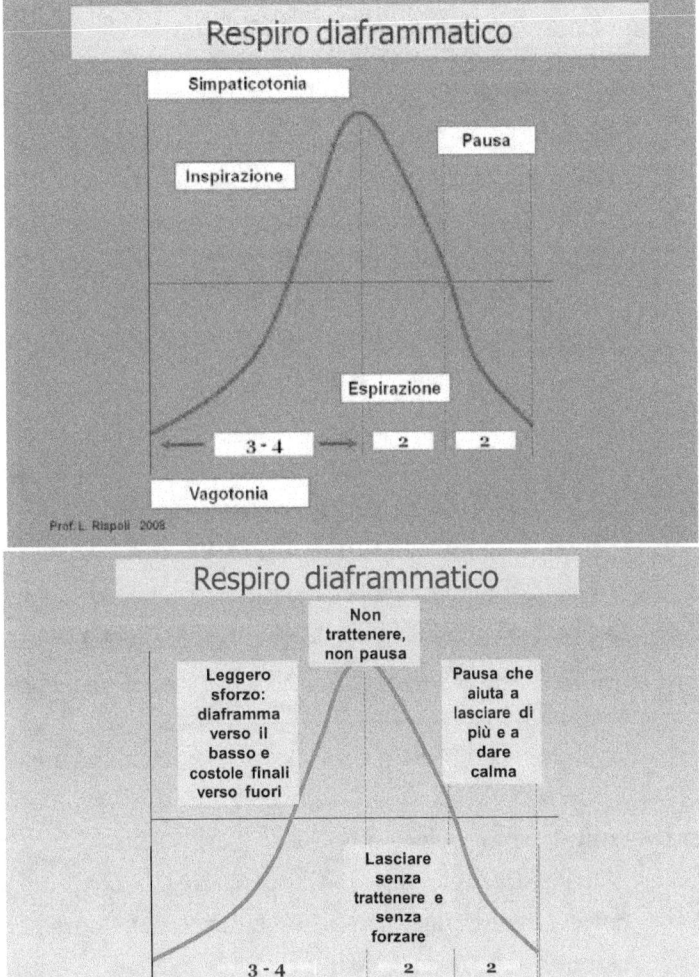

Inspirazione

Nell'inspirazione il torace resta fermo, calmo, abbassato, perché si deve espandere solo la parte inferiore dei polmoni (che ha una capacità volumetrica molto maggiore della parte superiore, più che sufficiente quindi ad assorbire l'ossigeno necessario a un funzionamento in situazioni tranquille e normali). Per far espandere la parte inferiore dei polmoni il diaframma si abbassa e finisce per spingere verso il basso il pacco degli organi addominali, per cui il ventre si alza ma non per un'azione dei muscoli. Nello stesso tempo si sollevano anche le ultime costole per facilitare l'entrata dell'aria nel basso dei polmoni. Anche altri muscoli partecipano, pur se più indirettamente: quelli della schiena, delle spalle, e anche quelli del pavimento pelvico per favorire la discesa dell'aria verso il basso.

L'inspirazione è dunque una fase attiva, di leggero e morbido sforzo che avviene abbastanza *lentamente*.

Nel caso in cui bisogna fare un certo sforzo ed è necessaria una maggiore quantità di aria (di ossigeno), dopo che si è riempita la parte bassa dei polmoni, si riempie anche un poco la parte alta, e il torace si solleva un poco (successivamente all'addome).

In un bambino piccolo si può notare con maggiore evidenza che l'inspirazione è un movimento complessivo che prende quasi tutto il corpo. Nell'inspirazione Il corpo si espande, la curvatura della colona vertebrale tende a raddrizzarsi, cosicché gli estremi della testa e delle vertebre "caudali" tendono ad allontanarsi tra di loro.

Espirazione

La fase di espirazione è generata dal semplice rilasciarsi della muscolatura, di tutta la muscolatura interessata alla respirazione. L'aria allora esce non più trattenuta perché a pressione leggermente superiore a quella esterna, aiutata anche dall'allentarsi dei muscoli (il diaframma risale e le costole si abbassano) che tendono a contrarre leggermente i polmoni. L'aria esce molto più *rapidamente* di quando è entrata, come un palloncino che si sgonfia. Non viene forzata fuori, ma esce spontaneamente.

Se invece l'espirazione fosse prolungata vuol dire che l'aria viene trattenuta rispetto al suo uscire spontaneo, e che i muscoli non si sono allentati completamente ma vengono rilasciati solo a poco a poco in modo controllato, perdendo la modalità del movimento spontaneo e naturale, e perdendo anche l'effetto di stimolare la vagotonia, così come vedremo più avanti.

La fase di espirazione deve essere caratterizzata non da uno sforzo, ma al contrario da un *lasciare profondo*.

Se nell'inspirazione si erano riempite anche le parti alte dei polmoni, nell'espirazione si abbassano quasi contemporaneamente addome e torace, ma leggermente prima l'addome.

Al contrario che nella fase precedente, testa e "coda" questa volta si riavvicinano, l'intero corpo tende a svuotarsi, ad ammorbidirsi, a raggomitolarsi, in una sorta di distensione generale.

Le pause

Dopo l'inspirazione non vi è pausa, l'aria non viene trattenuta perché l'ossigeno viene subito messo in circolazione nel sangue. Trattenerla vorrebbe dire diminuire la sensibilità, generare una leggera anestesia, utile specie se c'è presenza di dolore nella persona. Vi è invece una pausa abbastanza lunga dopo l'espirazione perché il "lasciare" possa completarsi pienamente senza riprendere subito l'azione dell'inspirazione, e facendo così aumentare maggiormente la condizione di vagotonia.

Le alterazioni della respirazione

Abbiamo visto come durante lo sviluppo evolutivo e la vita della persona la respirazione possa alterarsi e rimanere fissa in una modalità che permane in modo cronico anche laddove la realtà esterna non lo richiede. Vediamo quali tipi di respirazione alterata si possono riscontrare.

RESPIRO TORACICO

In questo tipo di respiro il diaframma e la pancia sono quasi immobili, il respiro è tutto a carico del petto e della parte alta dei polmoni. E' un respiro, come abbiamo già visto, adatto ad affrontare situazioni che richiedono attivazione elevata, forza, velocità.

TORACICO ALTO

E' un caso ancora più esasperato di respiro toracico. Pancia e diaframma comunque non vi partecipano, ma in questo caso neanche il torace si nuove molto perché è gonfiato, cronicamente sollevato. Il respiro è portato completamente verso l'alto, quasi in gola. Questa modalità simili si presenta quando una persona prova un forte spavento e resta col "fiato mozzato".

In tutti i casi di asma si rileva un respiro toracico alto: il petto è gonfio e le condizioni di spasmo ai bronchioli polmonari sono molto probabilmente sollecitate da questo sovraccaricare continuamente la parte alta dei polmoni.

RESPIRO IN INSPIRAZIONE CRONICA

Nell'inspirazione l'aria viene come inghiottita, è come rumorosamente risucchiata dalla "gola", ma poi stenta a essere rilasciata. Il respiro è trattenuto in inspirazione e soltanto dopo un intervallo interviene l'espirazione.

Nell'esperienza comune, quando si cerca di concentrare le proprie forze per resistere, per sopportare, si ricorre a questo tipo di respiro, si tende a mantenere l'inspirazione. Sembra che il mantenere l'inspirazione abbia un effetto anestetizzante sul dolore: i bambini prima di un'iniezione tirano il respiro e trattengono il fiato.

RESPIRO SCOORDINATO

In questo tipo di respiro non c'è armonicità nell'onda respiratoria: i tempi di espansione di addome e torace sono sfalsati tra di loro e cambiano continuamente. Il torace può sollevarsi a volte prima dell'addome a volte dopo, svuotamenti reiterati del torace possono essere inframmezzati da movimenti dell'addome.

In genere si ha questo tipo di respiro quando c'è forzatura e controllo dell'atto respiratorio, quando l'atto respiratorio non è *spontaneo*.

RESPIRO A SCATTI

Qui il movimento del diaframma è possibile ma non è fluido né morbido perché i muscoli sono ancora abbastanza tesi: si attivano e si rilasciano con degli scatti che producono un caratteristico ritmo frammentato.

E' tipico nei bambini quando, dopo un pianto dirotto a singhiozzi, tirano finalmente respiri più lunghi, respiri che sono scossi da sobbalzi perché diaframma e muscoli della respirazione non si sono ancora rilasciati del tutto.

RESPIRO ADDOMINALE CON CONTRACCOLPO

L'addome si muove, ma durante l'espirazione, mentre si sta abbassando, è visibile un contraccolpo verso l'alto generato da un ritorno della contrazione muscolare della fase inspiratoria. E' un piccolo sussulto, come se intervenisse un timore, un ripensamento, nel lasciarsi andare completamente nell'espirazione.

RESPIRO FALSAMENTE DIAFRAMMATICO

Il diaframma apparentemente sembra muoversi dal momento che l'addome si solleva. In realtà la persona agisce sui muscoli della pancia per sollevarla e il diaframma è teso e quasi del tutto immobile. Ne è una riprova il fatto che la quantità di aria effettivamente immessa nei polmoni è in realtà esigua, proprio perché il movimento era dei muscoli addominali e non del diaframma. Spesso il soggetto che respira in questo modo lo fa perché sente il bisogno di ritrovare una respirazione diaframmatica e ci prova, ma gli sforzi finiscono per accentrarsi su un distretto muscolare che è estraneo alla respirazione vera e propria.

La respirazione nel trattamento antistress

Da tutto quanto detto fin qui, risulta fondamentale recuperare la respirazione diaframmatica profonda spontanea. Ogni Funzione psico-corporea dell'organismo, se si altera, può restare chiusa in cortocircuito su se stessa, per cui non è sufficiente prenderne coscienza per poterla rimodificare; lo stesso vale per la respirazione. E' necessario allora intervenire *direttamente* sulla Funzione respiratoria, allentando con il massaggio i muscoli contratti, tenendo abbassato il torace per fare alzare l'addome, aiutando a "lasciare" nell'espirazione con l'aiuto delle mani, richiamando con il contatto l'aria verso il basso, e utilizzando molte altre tecniche specifiche.

Se il respiro è alterato (e lo è quasi sempre nelle persone che vengono in seduta antistress) non ha assolutamente senso amplificarlo così com'è, perché non si farebbe nient'altro che rafforzare qualcosa che non funziona. Non solo, ma così facendo si rischia anche di provocare sensazioni niente affatto utili per il paziente se non addirittura dannose; giramenti di testa troppo forti, piccoli collassi, nausee intense, visioni alterate, e soprattutto "tetanie" (dolorosi irrigidimenti a carico soprattutto delle mani e delle braccia, ma anche della bocca e progressivamente di altre parti del corpo, dovuti a particolari proteine scatenate da una iperossigenazione troppo forzata e prodotta in condizione simpaticotonica).

Bisogna dunque porre molta attenzione a *trasformare* il respiro alterato, a cambiare realmente situazioni di non funzionamento piuttosto che lasciarle uscire e assecondarle. Restaurare la respirazione diaframmatica produce una serie di effetti estremamente positivi e utili al cambiamento, e perciò rappresenta uno dei punti centrali da tenere presente lungo tutto il percorso del trattamento.

IL TRATTAMENTO FUNZIONALE ANTISTRESS

Ma vediamo adesso in che cosa consiste realmente l'intervento Funzionale.

Il trattamento Funzionale antistress permette di agire sulle radici profonde dello stress cronico, invertendo il processo di cronicizzazione. Non si tratta dunque di dare una pausa momentanea, un sollievo temporaneo, ma di modificare nel profondo i funzionamenti che continuano a sostenere lo stato di stress, che – come abbiamo visto – sono quasi del tutto non presenti alla consapevolezza del soggetto. Sono disfunzioni croniche che non possono essere superate e risolte se non intervenendo *direttamente* su di esse perché oramai racchiuse in "cortocircuito", e quindi non modificabili con la presa di coscienza e la volontà delle persone.

Infine, essendo lo stress un fenomeno complesso che coinvolge molteplici piani psico-corporei del Sé, è indispensabile che anche il trattamento antistress possa agire efficacemente sui vari piani psico-corporei; ed è quanto fa esattamente l'intervento Funzionale.

Prendiamo in rassegna qui di seguito tecniche e metodologie dell'intervento Funzionale. I protocolli descritti devono essere seguiti con molta precisione perché sono stati progettati, testati e risistemati alfine di ottenere il massimo dei risultati in un periodo di tempo il più breve possibile.

REINSTAURARE LA RESPIRAZIONE DIAFRAMMATICA

Introduzione

Il diaframma è innestato sull'estremità inferiore delle costole, ed è attraversato da due importanti rami del nervo Vago; perciò, il suo movimento verso il basso nella inspirazione e il suo rilasciarsi nell'espirazione, otre ad agire sull'allentamento in generale, producono un'importante azione direttamente vagotonica.

La sua maggiore o minore mobilità e il tipo di movimento determinano una precisa modalità della respirazione.

A volte la contrazione e la tensione del diaframma sono responsabili di crampi che vengono localizzati dalla persona allo stomaco, e pertanto spesso confusi con problemi gastrici.

In gravidanza la comparsa della nausea e dei bruciori gastrici è collegata anche ad una maggiore rigidità del diaframma.

Ricordiamo che il ripristino di una buona respirazione diaframmatica è fondamentale per recuperare calma, Benessere, Vagotonia. Questo protocollo riveste un'importanza notevole, ed è dunque un complemento determinante che concorre a rendere tutto il trattamento antistress più valido ed efficace.

Casi particolari

Negli individui ansiosi la rigidità del torace e la respirazione alterata provocano spesso tachicardia; che è poi ulteriormente intensificata dalla paura che possa trattarsi di problemi di cuore. Perciò spesso queste persone si sottopongono a molte visite specialistiche, che quasi sempre non rilevano risposta alcun problema organico reale in relazione ai sintomi lamentati. L'effetto benefico di un trattamento antistress è, dunque, per loro molto utile e significativo.

Sequenza Respirazione diaframmatica:
1. Abbassare dolcemente le spalle verso i piedi, aprendole anche verso il lettino senza forzare troppo.

2. Tenere i lati del diaframma con una mano o con due mani alle ultime costole sia nella ispirazione che nella espirazione, per far diminuire la circonferenza e allentare il diaframma, rendendolo meno teso e contratto.

3. Spingere con una mano sulle ultime costole aiutando l'espirazione (spingendo verso il lettino ma soprattutto verso il basso). Anche dall'altra parte. Si può anche contemporaneamente spingere con l'altra mano il torace nell'espirazione (verso il basso e verso i piedi).

4. Mano alla pancia con contatto intenso, dare un po' di peso facendo sentire più facilmente al paziente se alza la pancia (l'altra mano a tenere il collo).

5. Mano sulla pancia con contatto leggerissimo a richiamare l'aria in basso, quasi a richiamare la pancia ad alzarsi (l'altra mano a tenere il collo).

6. Mani alle costole sui due lati (un po'verso dietro): farle scivolare verso avanti e verso l'alto (più su dello sterno) nell'inspirazione, e poi spingere aiutando l'espirazione verso dietro e molto verso il basso (verso i piedi del paziente) in modo che il torace scenda verso il basso (respirazione forzata).

7. Mani che prendono i muscoli della pancia sollevandoli, in modo che il paziente non usi quei muscoli nella respirazione.

8. Aprire il respiro verso il basso con un massaggio al pavimento pelvico con il taglio della mano, procedendo in orizzontale con movimenti circolari.

9. Una mano sul centro del torace (meglio se ci si pone dietro la testa del paziente), premendo forte verso il basso e verso i piedi, sia nella inspirazione che nella espirazione, in modo che il paziente mantenga il torace abbassato.

10. Apertura e chiusura bacino in ispirazione ed espirazione, con le due mani.

11. Mani sulle spalle: il paziente spinge le spalle a chiudere in avanti un poco e poi lascia nell'espirazione.

La Respirazione Forzata

È la stessa manovra n. 6 del ripristino della respirazione diaframmatica, ma eseguita con un ritmo più elevato, per far crescer in poco tempo e il più possibile sensazioni corporee profonde positive, e permettere modificazioni evidenti e utili del funzionamento neurovegetativo.

Va eseguita se e solo se la persona ha già recuperato la respirazione diaframmatica, altrimenti si possono provocare effetti sgradevoli e del tutto inutili (se non dannosi) come la contrazione definita "tetania".

IL MASSAGGIO FUNZIONALE

Considerazioni generali

Il massaggio è una forma di intervento antico e anche uno dei gesti più naturali che compiamo quotidianamente, dal momento che è istintivo smuovere toccandola una spalla indolenzita, o tenere e stringere quella parte del corpo che ci fa male.

Il massaggio Funzionale in pratica è un insieme di diverse manovre eseguite sul corpo, con una pressione adeguata (spesso intensa), con calma e precisione, in profondità, allo scopo di:

- modificare il tono muscolare di base (che spesso è cronicamente elevato in una condizione di ipertensione) e l'assetto profondo del muscolo, recuperando la mobilità del tono per far sì che possa adeguarsi alle situazioni reali esterne
- riaprire antiche sensazioni positive, rigeneranti e rasserenanti, legate ad alcune delle più importanti Esperienze di Base (lasciare, Essere Tenuti)
- lenire dolori muscolari o articolari
- tonificare alcuni tessuti
- preservare e migliorare il benessere psichico allentando tensioni e fatiche

Gli effetti positivi

Le "virtù" del massaggio Funzionale sono innumerevoli. A partire dall'allentamento delle tensioni e della continua *attivazione* che la vita quotidiana ci richiede, fino ad arrivare a effetti positivi che giungono a toccare il sistema nervoso autonomo, e persino il sistema endocrino e immunitario, consentendo al nostro organismo di rigenerarsi, riequilibrando le eventuali alterazioni in atto. Tra gli altri benefici ricordiamo:

- Attenuazione di crampi e spasmi muscolari.

- Sensazione di grande calma e tranquillità con liberazione di notevoli quantità di endorfine, proteine P, serotonina e GABA (acido gamma amino butirrico).

- Potenziamento del sistema immunitario: sia grazie al fatto che il movimento dei muscoli rappresenta un metodo efficace per far circolare il liquido linfatico all'interno dell'organismo, sia perché si riduce lo stress cronico.

- Miglioramento della circolazione favorendo gli scambi anche a livello cellulare e il drenaggio dei liquidi.

- Produzione di un profondo stato di benessere diffuso dovuto anche al fatto di sentirsi "presi" e "tenuti", accarezzati e coccolati.

Qualche controindicazione

Solitamente questa tecnica non presenta particolari controindicazioni. Tuttavia è opportuno considerare che in alcune situazioni, come in caso di lesioni e infiammazioni acute, sia opportuno eseguirlo sotto guida esperta. Più in generale, per evitare inutili rischi, quando si tratta di massaggiare una persona con un qualsiasi problema di salute è, comunque, meglio sentire prima il parere del medico curante.

La preparazione

Per eseguire correttamente un massaggio non si può trascurare la fase di preparazione. Durante la seduta vengono, infatti, coinvolti anche i sensi come l'olfatto, la vista e l'udito: per questo l'ambiente deve essere spazioso, riscaldato (24-25°) e comodo; la luce deve essere soffusa e, in sottofondo, è molto utile una musica rilassante, perché tutto questo completa l'atmosfera. Per il massaggio basta un lettino, candele profumate che emanano un riflesso che incanta e un odore coinvolgente; fiori e colori tenui contribuiscono a favorire il rilassamento.

Il massaggio nella teoria Funzionale è una metodologia per sperimentare il Lasciare profondo, il Sentirsi, lo Stare, l'Essere Tenuti, come esperienze necessarie per il benessere.

Il Massaggio Funzionale agisce anche sulla *memoria corporea* o meglio *periferica*: e in particolare sul tono muscolare sull'assetto del muscolo, sulla forma del muscolo, ma anche sulle sensazioni corporee, sulla soglia del dolore, sulle propriocezioni.

In tutti i massaggi Funzionali si lavora procedendo dall'alto verso il basso e dal centro del corpo verso le estremità, e verso i lati. E questo perché nelle condizioni di vita stressanti c'è una tendenza a portare verso l'alto, a trattenere per aumentare controllo e vigilanza.

L'intensità e la pressione del massaggio devono essere calibrate sulla singola persona, ma in generale è bene ricordare che il massaggio non deve risultare troppo superficiale e leggero per poter richiamare realmente le sensazioni antiche vissute nell'essere stati

Tenuti dall'adulto che, per la muscolatura del bambino piccolo, era con una intensità e una forza notevolmente elevate. Ma naturalmente il massaggio non deve nemmeno essere troppo doloroso.

Una posizione comoda e una propria respirazione diaframmatica permettono all'operatore di trovare la modalità più giusta per ogni singola persona, e di eseguire il massaggio senza fatica e preoccupazione.

Requisiti indispensabili per un buon massaggio:
- ambiente confortevole che aiuti il Lasciare profondo

- mobilizzazione del respiro diaframmatico profondo

Caratteristiche necessarie dell'operatore:
- formazione accurata e profonda dell'operatore

- osservazione e riconoscimento dell'onda respiratoria del soggetto.

- saper lavorare senza sforzo in sintonia con un buon respiro.

Posizione dell'operatore

Se si è destrorsi, ci si mette sempre sul lato destro del paziente supino (a sx quando è prono); oppure al contrario se si è mancini.

In altri protocolli ci si mette alle spalle.

E' importante stare all'altezza giusta rispetto al lettino e al paziente, sia quando si sta seduti (le ginocchia dell'operatore dovrebbero stare alla stessa altezza del pano superiore del materasso) che quando si sta in piedi.

PROTOCOLLO COLLO-SPALLE

In questo massaggio (come del resto in tutti i massaggi Funzionali) si lavora procedendo dall'alto verso il basso e dal centro del corpo verso i lati.

L'intensità e la pressione del massaggio devono essere calibrata sulla singola persona, ma – come abbiamo detto - il massaggio non deve risultare né troppo superficiale e leggero né troppo doloroso (ma un po' di dolore indica che stiamo "modificando").

Nel massaggio del collo è necessario evitare di schiacciare le parti laterali e la parte anteriore del collo che sono zone molto delicate.

Particolare attenzione va messa nel non torcere o schiacciare le orecchie durante i movimenti verso destra o sinistra.

L'operatore si siede dietro la testa del paziente steso supino sul lettino con la testa non molto lontana dall'operatore.

Sequenza massaggio collo-spalle:

1. Prendere il collo con sicurezza nella propria mano in modo che il paziente possa abbandonare la testa, la vigilanza; e poi sciogliere, impastando.

2. L'operatore comincia a massaggiare profondamente dal centro dell'attaccatura collo-schiena verso il lato, le spalle. Il massaggio è più intenso in prossimità del collo e diventa più a mano aperta[2], in prossimità degli omeri.

---

[2] Una forza minore esercitata sui pollici facilita il contatto del palmo con la superficie che altrimenti tende a chiudersi a pugno.

Con una mano per volta su un lato per volta, mentre l'altra mano mantiene il collo[3]. Da una parte e dall'altra.

Quando la mano arriva alla spalla si ferma e tiene[4] intensamente l'omero (attaccatura del braccio) senza alzarlo, in modo che la persona senta di poter lasciare completamente.

3. Di nuovo dal collo verso le spalle, ma questa volta il massaggio scende un poco lungo il braccio per far scorrere verso la mano[5].

4. Mano di nuovo sul collo. Massaggio con una mano sul collo e l'altra che scende bene giù tra le scapole, al centro, sollevando un poco la schiena della persona, in modo che la testa possa abbandonarsi meglio all'indietro. Muovere un po' le dita a massaggio.

5. Mano destra che tiene il collo, far girare la testa sul lato destro facendola appoggiare la fronte sull'avambraccio (il pollice sta dall'altro lato del resto della mano ma non tocca la gola). Massaggio del collo, andando dalla nuca verso la spalla con il palmo o con le nocche, eseguito con la mano sinistra, con circoletti piccoli ma intensi[6].

---

[3] Almeno un paio di volte.
[4] Senza spingere verso il basso.
[5] Movimento come a schiacciare un tubetto di dentifricio.
[6] Stando attenti a non andare sui lati del collo, ma solo dietro.

6. Con le due mani contemporaneamente, con le punte delle dita congiunte, massaggiare (con il lato degli indici) facendo archi dal collo verso la nuca, a far andare un poco la testa all'indietro, e poi di nuovo nella posizione orizzontale. Ogni volta arrivati alla nuca si stacca, e si riparte dal collo.

7. Tenere con le due mani la nuca e tirare con forza la testa alzandola leggermente, come a far rifluire dalla testa giù verso il collo e la schiena. (Un paio di volte).

8. Con i polpastrelli massaggio a piccolissimi movimenti circolari (quasi sul posto) effettuati con grande e intensa pressione sul bordo (subito sotto) dell'osso cranico, andando un poco sul dolore.

9. Spostarsi un poco di lato. Mano sul collo a tenere e l'altra sulla sommità della testa, con le punte delle dita verso il basso. Far galleggiare la testa dolcemente, in varie direzioni (qualche volta anche un po' verso l'alto, ma anche verso il basso schiacciando il materasso) con movimenti dolci e lentissimi, facendola abbandonare nelle mani dell'operatore. Farla "galleggiare", cambiando percorso per non farsi anticipare dal paziente. Poi poggiarla dolcemente.

10. Mani a coppa sotto la testa (congiunte anche sui palmi) farla ruotare leggermente all'indietro (spingendo un po' le due mani in avanti). Lasciarla appoggiata e tenuta con calma, protetta e tranquilla per un bel po'.

11. Far scivolare lentamente via le dita da sotto la testa, sfiorando i capelli fino alla punta con una leggera carezza fino al distacco completo.

Note

Se la fronte o le sopracciglia si corrucciano farle ridistendere con un movimento leggero delle dita (sempre dal centro verso la periferia).

Se la persona tende a inarcare la testa all'indietro risistemarla in asse (se no il respiro e la voce sono soffocati).

PROTOCOLLO SCHIENA

La schiena è una parte molto importante della storia del neonato: attraverso di essa gli si trasmettono le vibrazioni già nell'utero materno. Successivamente la schiena rappresenta la parte del corpo che riceve per più tempo sensazioni di sostegno e di supporto.

Ma la schiena non è solo una parte ricevente. Anzi, si potrebbe dire che la schiena è una zona del nostro corpo con la quale possiamo trasmettere: trasmettere amore all'altro. Possiamo amare con la schiena, perché con la schiena abbiamo assorbito tenerezza, abbiamo ricevuto, ci siamo "riempiti" e quindi a nostra volta possiamo dare agli altri. Amare con la schiena si ricollega ad una delle più antiche modalità di esprimere questo sentimento. Basti pensare al piacere che i gatti provano nello smuovere e strusciare sulle gambe delle persone la loro schiena.

In questo massaggio il paziente, supino, può tenere alzato il braccio sul lato dove è girato il viso e cambiare di tanto in tanto in modo da non far indolenzire il collo. Se c'è sofferenza alla parte bassa della schiena mettere un cuscino sotto la pelvi per diminuire la lordosi.

SCHEMA DELLE DIREZIONI DEL MASSAGGIO SCHIENA

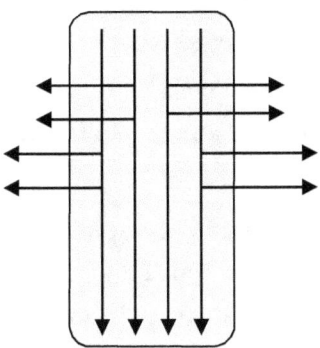

Le frecce indicano che il massaggio va fatto sempre (non solo quello della schiena) procedendo dall'alto verso il basso, e dal centro verso i lati. Dunque sono le mani che si spostano in queste direzioni e non si tratta di spingere la muscolatura in tali direzioni. Verso i lati, in particolare, significa che si massaggia prima la fascia centrale, poi una laterale vicina a sinistra e una a destra, poi le altre due fasce più esterne.

Verso il basso: nella nostra vita c'è molto spesso un portare tutto verso l'alto, un portare sopra, un trattenere sopra: e questo perché siamo troppo spesso spinti all'attenzione, alla vigilanza, al dover sempre pensare. Il massaggio che procede verso il basso contrasta questa modalità dannosa, riportando equilibrio, benessere, facendo scendere verso il basso sovraccarichi che erano verso l'alto, eccessi di sangue, di fluidi.

Verso i lati: questa direzione del procedere permette di combattere un "accentrare" esagerato, un trattenere verso il centro, un non dilatarsi e spaziare.

Sequenza massaggio schiena

1. Mano a prendere il collo bene e tenerlo con un po' di massaggio.

2. Una mano nella parte bassa della schiena e l'altra sul collo (sono i punti che più hanno ricevuto contatto sul tenere il neonato, il piccolino).

3. Aiutare un po' il respiro: apertura del diaframma verso l'alto con le due mani e poi spinta verso il basso (verso i piedi) a svuotare dell'aria in espirazione.

4. Massaggio a partire dal collo verso le spalle, con mano aperta e pressione intensa.

5. Massaggiare [7] dal collo alla spalla impastando con grande intensità e con tutta la mano. Arrivati alla spalla, tenerla un poco nella mano (all'attaccatura del braccio e senza alzarla), cosicché l'altro possa lasciarla completamente. Tutte e due le parti.

6. Rifarlo ma scendendo con il massaggio lungo il braccio[8] fino alle dita della mano. Tutte e due le parti.

7. Alzando con una mano la spalla, massaggio della scapola facendo arrivare le dita dell'altra mano sotto la scapola; spostare le dita mano seguendone i contorni. Tutte e due le parti.

---

[7] Ogni movimento va ripetuto almeno due volte.

[8] Come a schiacciare un tubetto di dentifricio.

8. Massaggiare due volte[9], utilizzando gli indici e i medi (gli uni sotto gli altri), o i pollici (quando più giù dobbiamo fare più forza), il centro della schiena ai lati della colonna vertebrale dal collo al coccige[10], mettendo il peso del corpo sulle dita, con movimenti molto piccoli su-giù[11], sul posto.

9. Massaggio del coccige a mano aperta con non tantissima pressione.

10. Carezza veloce sulla testa (verso dietro e verso il basso) per diminuire il controllo.[12]

11. Massaggio a mano aperta, con il peso del proprio corpo, a smuovere, dal collo in giù, fino al coccige. Sulle 2 fasce più esterne alla colonna (per ogni lato) andando sempre dall'alto verso il basso. Penetrare nei muscoli, alla base dei muscoli. Entrare dentro.

12. Massaggio della parte bassa della schiena (con poca pressione)

13. Movimento "a papera" spostando i muscoli della schiena con il peso del proprio corpo attraverso le palme delle mani. Quando si alza un palmo l'altro affonda attaccato a quello che si sta alzando, in modo che la massa muscolare sia spostata con continuità. Andare sulla schiena in

---

[9] La seconda volta il massaggio può essere fatto con le nocche.
[10] Fare molta attenzione che la pressione non venga fatta mai sulle vertebre ma sui paravertebrali.
[11] Meno pressione quando si va sulle lombari.
[12] Si può fare anche in altri momenti.

8. Massaggiare due volte[9], utilizzando gli indici e i verso il basso.

14. Ruotare un po' il bacino e la bassa schiena in direzioni opposte orizzontali. Spingere la parte bassa della schiena e il coccige in direzioni opposte, ad aprire e stendere la parte bassa della schiena.
    Spingere con le palme delle mani dalla schiena verso l'avvallamento della schiena stessa, a far scorrere verso il basso.

15. Ancora aiutare con un po' di respirazione.

16. Riconnettere le due mani a salire lungo la colonna e scendere per le braccia premendo sempre un po' "a dentifricio", ma non troppo lentamente.

17. Massaggio dolce della schiena E poi a cullare leggermente per terminare, con movimenti orizzontali.

---

[13] Il movimento deve arrivare e oltrepassare i piedi. Chi massaggia è molto più agevolato per questo movimento se è in piedi e può spostare il peso del suo corpo da una gamba all'altra.

PROTOCOLLO TORACE

Sequenza massaggio torace

1. Aiutare la respirazione con tutte e 2 le mani che sollevano i lati del diaframma e venendo sulla parte davanti aiutano l'espirazione, spingendo verso il materasso e verso i piedi.

2. Aiutare il respiro spingendo con una mano il petto verso il basso e tenendo un poco il collo con l'altra mano.

3. Massaggiare con i polpastrelli i muscoletti intercostali con piccoli movimenti rotatori, dal centro dello sterno verso l'esterno, procedendo in orizzontale, e di volta in volta scendendo da un intercostale più sopra verso quello più basso.

4. Massaggiare le braccia come a schiacciare un tubetto di dentifricio fino a far fuoriuscire dalle dita.

5. Massaggio con i polpastrelli e piccoli movimenti rotatori sui muscoletti intercostali al lato destro e al lato sinistro del corpo fino al diaframma (anche più in basso rispetto al numero 3).

6. Massaggio a mano aperta del diaframma. Movimenti che aiutano l'espirazione spingendo le ultime costole verso il dietro del corpo e verso il basso.

PROTOCOLLO VISO-TESTA

Poiché le nostre mani vanno al di sotto della distanza della messa a fuoco normale della persona, con questo massaggio si entra nella sua sfera intima. Il massaggio di questa parte del corpo lo si può eseguire solo se si è già abbassata la vigilanza della persona sia attraverso le sedute precedenti sia con una intensa respirazione prima di eseguirlo. Questo massaggio si conclude alla sommità della testa proprio dove c'era la "fontanella"; come a far *uscire tutto dalla testa*.[14]

L'operatore si mette seduto alle spalle del paziente.

Sequenza massaggio viso-testa

1. Si parte con un massaggio sul collo, prendendo bene il collo nella mano e sciogliendo e impastando (come in collo-spalle).

2. Il massaggio si sposta verso avanti arrivando molto delicatamente (quasi una carezza) sulla gola (per un tempo breve).

3. Con movimenti circolari dei polpastrelli, smuovere lentamente la muscolatura sotto il

---

[14] Questo è l'unico protocollo in cui apparentemente si procede dal basso verso l'alto. In realtà si tratta ancora una volta di un procedere volto a "far uscire" tensioni, perché altrimenti si creerebbe un sovraccarico sul collo. Inoltre, si arrivano a toccare più efficacemente gli occhi dopo aver allentato l'intera zona del viso. Infine il massaggio della sommità della testa fatto dopo il resto permette un allentamento più profondo.

mento e intorno alla bocca[15] con un massaggio a due mani dal centro verso i lati.

4. Il massaggio sale verso gli zigomi, le guance e il naso, con un movimento ad allargare e distendere verso l'esterno del viso.

5. Tenere le guance e le tempie a mani aperte per un momento.

6. Riprendere il massaggio delle guance, salendo, e con circoli un po' più ampi. Le palpebre inferiori vengono smosse indirettamente dalla pelle smossa sugli zigomi.

7. Le dita si fermano vicino ai condotti lacrimali. Poi con delicati movimenti circolari e molto piccoli dei pollici si seguono i contorni dei due globi oculari (dal naso verso l'esterno): della parte inferiore con i polpastrelli dei pollici, e poi di quella superiore con indici e medi. Eseguire circoletti piccolissimi e delicati, toccando contemporaneamente globo oculare e arcata dell'osso. (Un paio di volte prima sotto e poi sopra. Soffermarsi un poco sui lati dei globi oculari).

8. Leggere strisciatine sulle palpebre dal naso verso i lati.

9. Coprire (senza schiacciare) con le dita (ma con le palme delle mani che non toccano il viso) gli

---

[15] Le labbra. devono essere smosse ma mai toccate.

occhi, per farli lasciare un po' e farli stare chiusi tranquillamente.

10. Riprendere con strisciatine sulle sopracciglia dal centro verso i lati.

11. Massaggio delle tempie, e tenerle un po' tra le mani insieme alle guance.

12. Massaggio della fronte. Massaggio a "raggio di sole" come a spianare la fronte con tutti i polpastrelli verso i lati e verso i capelli, a scorrere (senza circoletti).

13. Movimento lento sulla sommità della testa smuovendo con piccoli circoli tutto il cuoio capelluto tenendo con una buona pressione delle dita. Le dita non scorrono sul cuoio capelluto, è il cuoio capelluto che si smuove sull'osso.

PROTOCOLLO GAMBE

Sequenza massaggio gambe

1. Le 2 mani prendono il bacino nell'inspirazione, da dietro, scivolando verso avanti e quasi sollevando il bacino; nell'espirazione le mani scivolate s u l l e due anche spingono v e r s o il basso, come ad appiattire il bacino sul materasso, ad aprirlo.

2. Massaggio dell'anca, del fianco (da una parte e dall'altra), con le mani piene, come a sciogliere le due cerniere.

4. Richiamo del respiro molto in basso poggiando la mano delicatamente in quel punto.

5. Massaggio di una gamba, a due mani, dall'inguine verso il basso. Non far salire molto la mano che sta nella parte interna, la mano esterna invece riparte dall'anca. Schiacciare e allentare la presa per far scendere giù, come se si spremesse un tubetto di dentifricio, piede compreso e fino alla punta. E poi l'altra gamba.

Fare altri passaggi a sciogliere: sulla parte anteriore, sul lato e anche nella parte posteriore (per massaggiare in particolare anche il polpaccio) sia con il palmo a mano piena, sia con le dita a prendere e lasciare i muscoli.

Se il dolore è forte scioglierlo molto lentamente e delicatamente senza stare troppo sulla soglia del dolore in un primo momento, poi a poco a poco un po' di più.

Non tralasciare comunque il piede, stendendo la pianta del piede con la mano, ma ancora una volta stando attenti a non andare sul dolore (specie sulla pianta del piede).[16]

---

[16] Più in là negli incontri, si può lavorare maggiormente sul piede, con effetti che saranno più intensi e benefici.

INTERVENTO SUL MOVIMENTO

Braccia a ricadere

1. Alzare le braccia e farle cadere sul materassino, a lasciare con l'espirazione, e un po' di voce ad espressione di sollievo.

2. Alzare una gamba per volta e farla cadere sul materassino, a lasciare con l'espirazione e con un po' di voce ad espressione di sollievo.

3. Tenere il braccio del paziente (al polso e sopra il gomito) e poi lasciarlo cadere a corpo morto sul materassino (alternativamente sx e dx) [17]. Quando lo si tiene si possono fare movimenti e piccoli dondolii per far lasciare di più il peso nelle mani dell'operatore.

4. Tenere la caviglia del paziente e far cadere la gamba a corpo morto sul materassino (alternativamente sx e dx)[18]. Quando lo si tiene si possono fare movimenti e piccoli dondolii per far lasciare di più il peso nelle mani dell'operatore

Braccia a lanciare

1. Alzare le braccia (tutte e due insieme) con i gomiti un po' piegati, lentamente nella inspirazione e lanciarle verso i piedi, verso la parete di fronte nell'espirazione, con voce.

---

[17] Questo aiuta la persona che non riesce a lasciare facilmente.
[18] Idem come sopra.

Lasciare andare le braccia subito dopo averle lanciate.

2. Una gamba per volta (alternativamente dx e sx): piegarla in inspirazione e lanciarla verso il basso, verso la parete di fronte, a parabola, in espirazione, con la voce un po' aperta e allungata, ed espressione di soddisfazione. Lasciare le gambe subito dopo averle lanciate.

Braccia a aprire

1. Le due braccia insieme: alzarle, chiuderle subito incrociandole sul torace, e poi aprire, stirare sino alle dita e lasciarle crollare nella espirazione con voce morbida (e a esprimere soddisfazione) che accompagna il lasciare. Una gamba alla volta (alternativamente dx e sx)

2. Piegare il ginocchio alzare la gamba e chiuderla verso il fianco opposto (a chiudere il bacino), brevemente. Poi apertura a stendere e lasciare crollare con voce morbida (e a esprimere soddisfazione) che accompagna il movimento del lasciare.

Respiro a farfalla

1. Le due gambe piegate con piedi uniti e poggiati sul materasso. Chiudere (non completamente) nella ispirazione, con un piccolo sforzo; e poi aprire a lasciare completamente nella espirazione. La voce accompagna morbidamente il lasciare, una voce dolce di sollievo.

FRASI E PAROLE DA USARE DURANTE IL TRATTAMENTO FUNZIONALE ANTISTRESS

Sebbene il trattamento Funzionale non sia un lavoro strettamente "clinico", l'operatore rappresenta comunque il Sé Ausiliario del paziente-cliente nella misura in cui lo accompagna e lo porta verso il raggiungimento di un determinato obiettivo. Grande rilevanza assume allora l'uso del linguaggio e della voce dell'operatore, per il quale non è sufficiente, quindi, solo conoscere con precisione la tecnica. L'operatore deve imparare a dare indicazioni con parole semplici, chiare, e ridondanti; deve poter modulare la voce affinché questa sia quanto più possibile congruente alle indicazioni date.

Schematicamente possiamo dire che è utile:
- Esercitarsi nel modulare la voce
- Usare un linguaggio più semplice possibile
- Prepararsi alcuni sinonimi delle parole da usare
- Non velocizzare i tempi di lavoro
- Non utilizzare elementi di giudizio (es. apri meglio, non usare la voce in questo modo …)
- Usare sempre il Noi, mai il Tu; oppure il soggetto della frase è "la schiena", "la testa", ecc.

Ecco riportate di seguito alcune indicazioni di parole da usare durante la terapia del movimento:

BRACCIA (GAMBA) A FAR RICADERE
Lasciamo le braccia (la gamba) …
Lasciamole senza tenerle
Inspiriamo lentamente e…lasciamo
Alziamo piano piano e poi…via, lasciamo

BRACCIA A LANCIARE
Lanciamo verso la parete di fronte
Buttiamo qualcosa via con le mani
Il piacere di lanciare
Il piacere di buttare via(e a esprimere soddisfazione)
Lanciamo e immediatamente lasciamo ricadere le braccia
Facciamo andare tutto nelle mani

GAMBE A LANCIARE
Lanciamo e lasciamo
Lanciamo verso la parete di fronte
Facciamo scendere tutto giù
Facciamo scendere sino alla pianta dei piedi

VOCE
Una voce morbida con espressione di sollievo.
Un po' di voce per poter poggiare meglio.
Un po' di voce per poter lasciare un po' di più.
Una piccola vibrazione con la voce.
Un po' di voce, appena appena, per non trattenere.
Una voce morbida ma aperta e prolungata ad esprimere soddisfazione

RITMO DEL RESPIRO

Inspirazione più lenta (1,2,3, oppure 1,2,3,4) - lasciare subito (niente pausa) – espirazione più veloce (1,2) - pausa (1,2)

ALLA FINE DELLA SEDUTA Restiamo ancora un po' tranquilli. Restiamo con le sensazioni ancora un po'.

Godiamoci ancora un po' le sensazioni prima di alzarci.

PER ALZARSI

Mettiamoci prima di alzarci su un fianco. Stiriamo un po' la schiena, Poi mettiamo giù le gambe, poi spingendo con la mano ci mettiamo seduti, alzando la testa solo alla fine[19].

---

[19] E' un modo di alzarsi non "tirando con la testa" (come facciamo sempre) ma portando la testa su con il resto del corpo che la sostiene.

GUIDA AL PROGETTO D'INTERVENTO

Il trattamento antistress ha una durata di 50 minuti e viene proposto con la frequenza di una volta a settimana (o eccezionalmente, per casi di particolare necessità, due volte a settimana). La frequenza si può ridurre ad una seduta ogni 15 giorni solo nella fase terminale del ciclo di intervento.

Nel decidere il progetto di intervento dobbiamo tenere conto di quanto emerso nella valutazione iniziale, tuttavia, anche se in linea di massima, possiamo avvalerci di alcune indicazioni generali.

Nell'articolazione dei protocolli di intervento è bene iniziare il percorso con il protocollo collo-spalle o con il protocollo torace-diaframma, inserendo solo successivamente il protocollo pelvi-gambe e il protocollo schiena, e lasciando ad una fase più avanzata il protocollo testa-viso per il tocco particolarmente "intimo" che lo caratterizza.

L'Intervento sui movimenti si può associare ai protocolli di massaggio con tempi e progressione valutabili di volta in volta.

Per ciò che riguarda la durata complessiva del ciclo di intervento ci atterremo alle seguenti indicazioni:

- fino a 25-30% di stress 4-6 sedute
- da 30% a 50% di stress 6-8 sedute
- oltre il 50% di stress 8-12 sedute

Completato il ciclo di intervento si sospende per un periodo che può essere variabile (qualche mese), o si riduce la frequenza ad una seduta ogni 20 giorni.

Riportiamo di seguito alcune indicazioni utili che ci orienteranno nel lavoro. Insistiamo in particolare su:

Movimenti	Quando c'è molto controllo, si è molto trattenuti.
Massaggi	Quando c'è molta tensione muscolare, dolori nei vari punti.
Respiro	Quando la persona è agitata, c'è molta ansia, respira affannando o non respira; e anche quando ha le mani sudate. Il respiro, comunque, deve essere assolutamente diaframmatico e dolce.
Respiro più forzato	Quando la persona sente poco le sensazioni. Quando non allenta. Quando ha molti pensieri (specie se negativi).
MSP elevato	Rassicurare, tranquillizzare. Specie relativamente alle tematiche che risultano più elevate (guardando ai vari cluster dell'MSP).
EMG elevato	Molti più massaggi.
GSR elevato	Respiro diaframmatico che agisce sul neurovegetativo (controllare che battito cardiaco sia rallentato e le mani non sudate).
Respirazione alterata	Molto più respiro diaframmatico nella direzione che contrasta il tipo di alterazione

GLI EFFETTI DEL TRATTAMENTO ANTISTRESS

Gli effetti di un intervento Funzionale sono molteplici, e si collegano ai vari disturbi legati allo stress cronico, presentandosi in tutti i piani psico-corporei del Sé.

Per effetto di questa metodologia, si cominciano a riaprire innanzitutto le sensazioni che erano chiuse: piccole correnti vitali che fluiscono nel corpo, sensazioni di allentamento e di torpore, stanchezza e voglia di fermare l'eccessivo movimento di una vita troppo stressante. In secondo luogo, aumenta il contatto con se stessi e con le proprie emozioni e anche con ciò che non funziona tanto bene nel nostro corpo. Inoltre si percepiscono meglio le proprie possibilità e capacità aiutando il progettarsi con calma e chiarezza, senza spreco di tempo e di energia. E infine si producono intense sensazioni di benessere, di leggerezza o di pesantezza, di galleggiamento, di calma, di serenità.

A seguito dell'intensa attivazione del sistema neurofisiologico, il paziente durante il lavoro riporterà la presenza di vertigini (ma leggere), formicolii agli arti ma talvolta anche al viso, correntine, brividi, sensazione di aver il corpo sprofondato o di estrema leggerezza, freddo intenso o anche piacevole calore. In alcuni casi si possono manifestare piccoli tremori agli arti (soprattutto alle gambe) o clonismi.

E' bene rassicurare la persona sulla assoluta "normalità" di queste sensazioni, che anzi sono indicative dell'efficacia del trattamento.

Riportiamo di seguito un elenco di effetti fisiologici che l'intervento Funzionale antistress produce nell'organismo umano, e che sono indice chiaro di quanto, a poco a poco, il soggetto stia migliorando e recuperando i Funzionamenti di fondo.

LA CALMA (LA VAGOTONIA)

Al diaframma sono collegate le più importanti terminazioni del sistema nervoso autonomo (neurovegetativo). E dunque, dando di nuovo mobilità al diaframma si agisce direttamente sul neurovegetativo ripristinando una condizione di vagotonia, vale a dire di calma, di non allarme, di benessere. L'organismo non deve più rispondere a sollecitazioni urgenti, può smettere di attivarsi e godersi la tranquillità.

BATTITO DEL CUORE

La frequenza del battito del cuore tende a diminuire (in collegamento con la vagotonia) perché nella calma e nell'allentamento c'è meno bisogno di sangue al cervello e ai muscoli, c'è meno necessità di agire con rapidità e di essere totalmente lucidi e concentrati.

PRESSIONE DEL SANGUE

Anche la pressione del sangue diminuisce, perché non è più indispensabile la vasocostrizione periferica (che facilitava l'afflusso del sangue verso i muscoli ed il cervello) e si può instaurare una piacevole vasodilatazione.

MUCOSE GONFIE

Un effetto meno noto (sempre legato alla vagotonia) è quello della maggiore idratazione delle mucose, che nella condizione di benessere e calma possono far gustare il piacere delle sensazioni, dell'eccitazione, della sensualità. La bocca si inumidisce per pregustare del cibo appetitoso. Ma anche le mucose del naso si gonfiano, e molto spesso dopo il trattamento si ha il naso chiuso, o a volte un po' gocciolante.

LIQUIDI

I liquidi del corpo si "liberano": gli occhi sono più bagnati (o con abbondante lacrimazione quando ci sono anche gli sbadigli), i fluidi dei seni nasali e frontali si sciolgono e tendono a colare giù, il naso cola per questi fluidi e per la lacrimazione.

TEMPERATURA

La temperatura corporea complessiva tende a diminuire in collegamento alla vagotonia, mentre la temperatura delle estremità (mani e piedi) tende ad aumentare per la vaso dilatazione periferica.

L'effetto dell'allentamento verso la vagotonia è osservabile sia direttamente con la lettura di indicatori neurovegetativi (diminuzione della temperatura corporea periferica, rallentamento del battito cardiaco, sudorazione che si asciuga, regolazione del ritmo respiratorio), sia attraverso le sensazioni del soggetto (di tranquillità, di benessere, di ammorbidimento), sia tramite l'osservazione e la lettura di segnali da parte dell'operatore (come il modificarsi e spianarsi dei tratti del volto, uno sguardo più aperto, i movimenti rallentati e morbidi, l'assenza di agitazione, l'allentarsi delle tensioni e rigidità).

Per quanto riguarda i sintomi risolti nel corso dei trattamenti, possiamo dire che nel corso di alcune sedute sono stati sciolti i seguenti sintomi: cefalea, dolori muscolari, stanchezza, acufeni, disturbi visivi, dolori schiena, torcicollo, febbre e influenza (diminuzione), vampate di calore, tachicardia, gambe irrequiete, attacchi di rabbia, dolori e tensione occhi, spasmi colon, spasmi ovaie e utero, nausea, dolore stomaco, oppressione al torace, attacco di panico, attacco di asma, freddo eccessivo, aritmia, ansia, senso di oppressione.

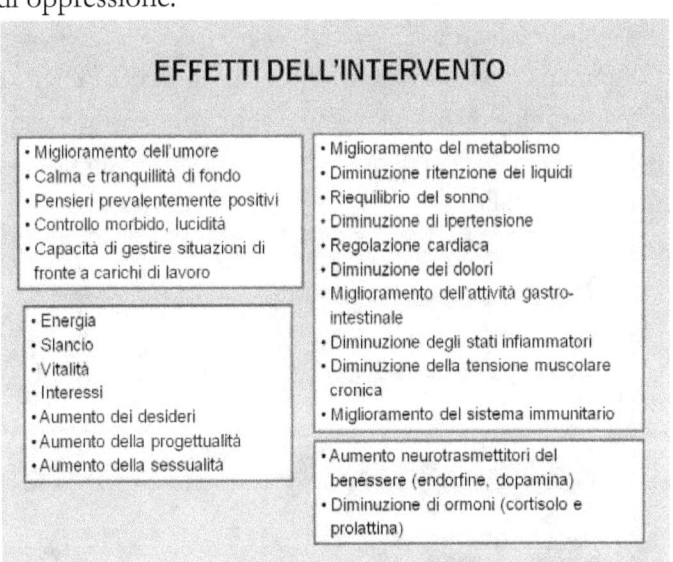

EFFETTI DELL'INTERVENTO

- Miglioramento dell'umore
- Calma e tranquillità di fondo
- Pensieri prevalentemente positivi
- Controllo morbido, lucidità
- Capacità di gestire situazioni di fronte a carichi di lavoro

- Energia
- Slancio
- Vitalità
- Interessi
- Aumento dei desideri
- Aumento della progettualità
- Aumento della sessualità

- Miglioramento del metabolismo
- Diminuzione ritenzione dei liquidi
- Riequilibrio del sonno
- Diminuzione di ipertensione
- Regolazione cardiaca
- Diminuzione dei dolori
- Miglioramento dell'attività gastro-intestinale
- Diminuzione degli stati infiammatori
- Diminuzione della tensione muscolare cronica
- Miglioramento del sistema immunitario

- Aumento neurotrasmettitori del benessere (endorfine, dopamina)
- Diminuzione di ormoni (cortisolo e prolattina)

I miglioramenti che si ottengono dopo l'intervento antistress, riguardano tutti i piani del funzionamento umano: Emotivo, Cognitivo, Fisiologico e Posturale.

Infatti c'è un miglioramento dell'umore, si instaura una calma e tranquillità di fondo, i pensieri diventano prevalentemente positivi, il controllo diventa morbido, viene recuperata la capacità di gestire situazioni di fronte a carichi intensi di lavoro e levate responsabilità.

La persona si sente piena di energia e vitalità, aumentano i desideri, la progettualità, c'è un ampliamento degli interessi. Sul piano fisiologico ci sono dei cambiamenti notevoli: il miglioramento del metabolismo, dell'attività gastro-intestinale e del sistema immunitario, la diminuzione di ipertensione, dei dolori, degli stati infiammatori, della tensione muscolare cronica, la regolazione cardiaca e il riequilibrio del sonno. Inoltre, tanti di questi miglioramenti sono dovuti anche agli effetti dell'intervento antistress sui neurotrasmettitori: regolazione delle acquaporine, aumento delle endorfine, della dopamina, della serotonina e del circuito Gaba, contemporaneamente con la diminuzione deilivelli di adrenalina e noradrenalina.

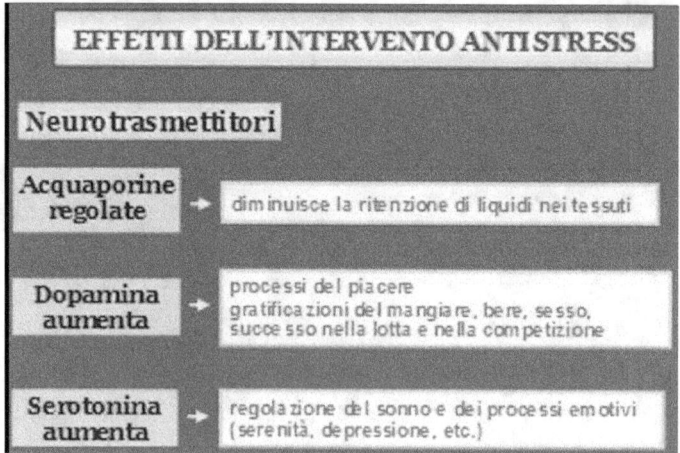

EFFETTI DELL'INTERVENTO ANTISTRESS

Adrenalina e Noradrenalina diminuiscono →	attivazione, eccitazione, simpaticotonia
Endorfine aumentano →	diminuzione del dolore, allentamento della vigilanza, stato di benessere
Circuito Gaba aumenta →	diminuisce l'attivazione della trasmissione nervosa, tranquillità

CONCLUSIONI

I benefici che si ottengono sono intensi, tangibili e duraturi. Molto diverso, infatti, è un rilassamento temporaneo (come quello prodotto dalla maggior parte delle tecniche tradizionali) da una modificazione profonda della condizione di stress.

Gli effetti si ottengono in tempi molto brevi (8-10 sedute) e coinvolgono la persona nella sua interezza; allo stesso tempo, sono oggettivi e misurabili, andando molto al di là delle pur fortemente positive impressioni soggettive.

La Metodologia Funzionale Antistress, quindi, permette di valutare in modo molto anticipato il rischio di disturbi e patologie da stress, e consente di intervenire con trattamenti specifici per allontanare significativamente i soggetti da questo rischio. Il tutto attraverso una Valutazione accurata altamente predittiva dei possibili disturbi e attraverso Interventi calibrati per garantire Salute e Benessere. Una tale metodologia permette dunque di intervenire efficacemente in quel continuum che dal macro (respiro, movimenti, atteggiamenti, ecc.) conduce al micro (modificazioni biochimiche interne, neurotrasmettitori, sistemi ormonale ed immunitario, ecc.), cioè che dai piani esterni ed accessibili porta a quelli profondi, interni, invisibili, riportando l'organismo ad uno stato di naturale equilibrio e di efficienza.

BIBLIOGRAFIA

Di Nuovo S., L. Rispoli L., E. Genta E. (2000), *Misurare lo stress,* Franco Angeli, Milano.

Rispoli L. (2001), *Functional Psychology and the Basic Experience of the Self* in Heller M. (a cura di) "The Flesh of the Soul: The Body we Work with" – Peter Lang, Bern.

Rispoli L. (2003), *Il sorriso del corpo e i segreti dell'anima,* Liguori, Napoli.

Rispoli L. (2004), *Esperienze di Base e Sviluppo del Sé,* Franco Angeli, Milano.

Rispoli L. (2006), *Stress e benessere nel lavoro. I funzionamenti di fondo e le nuove proposte del Funzionalismo moderno,* in "Atti del Convegno europeo: Stress sul Lavoro. Lavoro Produttività Benessere", S.I.F.- Società Italiana di Psicoterapia Funzionale in collaborazione con la CISL nazionale - Dipartimento Salute e Sicurezza sul lavoro, Roma 2-3 febbraio.

Rispoli L. (2006), *Funktionalismus und Korperpsychotherapie,* in Marlock G, Weiss H. (a cura di) "Handbuch der Korperpsychotherapie" – Scattauer, Stuttgart .

Rispoli L. (2006), *Psicoterapia corporea (e lo sviluppo del Funzionalismo),* in AA.VV. " Psiche – Dizionario storico di psicologia, psichiatria, psicoanalisi, neuroscienze" – Einaudi, Torino.

S. Di Nuovo, L. Rispoli *L'analisi Funzionale dello stress - Dalla clinica alla psicologia applicata,* Franco Angeli/Linea Test, Milano 2011

Rispoli L. (2012) "Sistemi integrati nel Funzionalismo moderno. Misurazione e intervento sullo stress", in Bottaccioli F. (a cura di), Stress e vita, Nuove tecniche, Milano

Rispoli L. (2013) "La psicoterapia Funzionale", in Salvini A., Nardone G. (a cura di), Dizionario di psicoterapia, Garzanti, Milano

Rispoli L. (2014) Il Manifesto del Funzionalismo, Alpes ed., Roma

Rispoli L. (2016) Il corpo in psicoterapia oggi, Neo-Funzionalismo e Sistemi Integrati, Franco Angeli, Milano

Ti presentiamo nelle prossime pagine
la nostra Scuola e il Corso di
Specializzazione in Psicoterapia Funzionale.

www.psicologiafunzionale.it

La Scuola ti fornisce **metodologie e tecniche di intervento concrete e precise**, sia a livello individuale che di gruppo, poiché **puntiamo molto sulla ricerca** ed utilizziamo le scoperte più avanzate delle neuroscienze e di altre discipline attigue.

Ti avvarrai di una scuola **tra le prime in Italia** nella valutazione relativa ai livelli di qualità messi a punto dal Coordinamento Nazionale Scuole di Psicoterapia.

Crediamo nella formazione e nella crescita professionale, per questo motivo ti proponiamo un **ventaglio formativo molto ampio** che parte dai seminari e dai workshop gratuiti fino ad arrivare ai Master Specialistici ed alla Scuola di Psicoterapia (Quadriennale) dove prevediamo anche la possibilità di ottenere **Borse di Studio**.

Riconoscimenti della Scuola

- Membro del **CNSP** (Coordinamento Nazionale delle Scuole di Psicoterapia) dal 2001.

- Riconosciuta dall'**EABP** (European Association of Body Psychotherapy) dal 1987.

- Membro del Forum dell'**EABP** dal 1998.

- Aderente alla **SPR** (Società di Ricerca in Psicoterapia).

- Membro fondatore del **CSITP** (Comité Scentifique International de Thérapie Psycho Corporelle) dal 1987.

CORSO QUADRIENNALE

Specializzazione in Psicoterapia Funzionale
Corso riconosciuto dal MIUR
con D.M. del 16/11/2000

Specializzazione riconosciuta secondo l'art. 3 legge 56/89. Sono ammessi alla scuola i laureati in Psicologia e Medicina iscritti ai relativi albi professionali. L'iscrizione è subordinata alla valutazione di conoscenze, capacità, esperienze, motivazioni all'attività di psicoterapeuta, e della situazione clinica personale.

Programma formativo
Si articola per ciascun anno in: -Insegnamenti teorici - Gruppo didattico -Laboratori e seminari -Stages intensivi – Supervisione -Tirocini interni -Tirocini esterni.

Forma dei Corsi
Il monte ore totale (500 ore di cui 100 di tirocinio esterno l'anno) si svolge in un week-end ogni mese, da Gennaio a Dicembre, oltre ai 2 intensivi di 3 giorni, e agli incontri previsti per Laboratori, Seminari e Tirocini interni.

Valutazione
Verrà effettuata tramite verifiche in itinere e finali: esami, colloqui, valutazioni di capacità operative acquisite, tesi di ricerca.

Diploma

Alla fine dei quattro anni, completati tutti gli adempimenti richiesti, verrà rilasciato il Diploma in Psicoterapia secondo l'art.3 della Legge 56/89.

SEDI SEF

- Napoli
- Catania
- Padova
- Roma
- Trieste

REFERENTI IN ALTRE CITTÀ
Benevento, Firenze, Foggia, Messina, Milano, Parma

ISTITUTI CLINICI

- Agrigento
- Brescia
- Catania
- Napoli
- Padova
- Palermo
- Roma,
- Trieste.

Per informazioni
- Tel. 081 03.22.195 (Sede Centrale, informazioni per **tutte le sedi**).
- formazione@psicologiafunzionale.it
- www.psicologiafunzionale.it